長谷園「かまどさん」の美味レシピ

ほっこり土鍋ごはん

伊《い》賀《が》焼《やき》窯《かま》元《もと》　長《なが》谷《たに》園《えん》［著］

文藝春秋

もくじ

第二章 ワイワイ食べたい、もてなしごはん

春

夏

この本のきまりごと

- 1カップ＝200ml、大さじ1＝15ml、小さじ1＝5ml、1合＝180ml（150g）を表しています。計量カップやスプーンの表示がccの場合、1cc＝1mlになります。
- ごはん、おかず、デザートメニューとも、特に指定していないものは4～5人分の分量となります。
- 材料表の「適量」は「好みの量を入れる」、「適宜」は「あればお好みで」という意味です。
- 調理時間は目安です。

この本で使用している土鍋について

この本では、美味しいごはんを炊ける土鍋として知られる「かまどさん」を使用しています。「かまどさん」は伊賀の粗土を使った多孔質（ポーラス）な肉厚の土釜で、重い中ふたと上ふたの二重ふたになっているのが特徴。このため、火加減なしで、噴きこぼれもなく、手間いらずで、かまど炊きのようなふっくら美味しいごはんが炊けるのです。中ふたのない土鍋を使って本書のごはんレシピを作る場合は、途中で火加減が必要になります。沸騰するまで強火、その後、弱火で7～10分炊き、約15分蒸らすのを目安としてください。

- 本書では中ふたを使うレシピの〈作り方〉の下に ◎ を付けました。それ以外のメニュー（大半のおかずメニュー）は、中ふたを使用していません。
- この本で紹介するレシピはすべて、「**かまどさん三合炊き**」を使用しています。
- 一般的な土鍋（容量1500～3000ml）を使用しても作れます。

はじめに

「炊きたてのごはんって、こんなに美味しかったんですね！」
土鍋でごはんを炊くようになったお客さまから、度々こんな言葉をかけられます。長年、土鍋のすばらしさを伝えてきた私たちには、それが何よりうれしいこと。土鍋で炊くごはんが美味しいのは、厚みがあって蓄熱性が高く最初にゆっくりと火が入るから。ごはんは沸騰まで10分以上かかると甘みや粘りが出るといわれますが、土鍋はその火加減がごく自然にできるのです。そして誰でも土鍋で美味しいごはんが炊けるようにと生み出した、火加減いらず、噴きこぼれなし、手間いらずの「かまどさん」は、２０００年の発売以来、45万個も売れる大ヒットとなりました。

でも土鍋が優れているのは、「炊く」ことだけではありません。食材にじっくり優しく熱を入れるという土鍋の特性は、素材の持つ本来の美味しさを引き出してくれます。だから「煮る」のも「蒸らす」のも得意技。土鍋ひとつで、日常のおかずやお酒のおつまみ、おもてなし料理、デザートまで作れるのです。そんな土鍋の力をもっと多くの方に知ってほしい……と、長谷園の食いしん坊たちが集まってこの本を作ることになりました。

土鍋は使うたびに愛着が深まるばかりか、なじんで使い勝手がよくなっていくもの。だからさまざまな料理に使えば、それだけ便利な調理器具になっていきます。そしてもうひとつ、食卓の真ん中に炊きたてのごはんやできたての料理を持ってきて、ふたを開けたとき食卓に広がる喜びも、かけがえのない魅力です。今回紹介するさまざまな土鍋料理で、みなさんが大切な家族や親しい仲間たちと囲む食卓がますますわくわくするものになりますように——。そう願って、土鍋で作るとますます美味しい料理とそのコツをまとめました。

伊賀焼窯元　長谷園

基本の白米の炊き方

土鍋で炊くと、米粒にゆっくりと火が通り、
ふっくら、つやつやに！
ここでは、「かまどさん」を使った
白米の炊き方を紹介します。

1 とぐ
ボウルに分量の米を入れてとぎ、水を切る。こうして水切りすることで水の計量が正しくできる。

2 浸水
1の白米と分量の水を「かまどさん」に入れ、約20分浸す。30分以上浸水する場合はボウルなどを使用して。

3 セット
写真のように中ふた・上ふたの穴の位置が直角になるようにセットする。穴を直角にすると、ほどよい圧力がかかる。

4 炊く
ガスの中強火（目安は、炎が鍋底の釉薬がかかっていない白い部分の約半分の高さまで達すること）で炊く。途中火加減は不要。

5 火を止める
上ふたの穴から蒸気が勢いよく噴き出し始めたら、1〜2分後に火を止める。炊き上げ時間を1分前後のばすと、香ばしいおこげができる。

6 蒸らす
火を止めてからそのままの状態で約20分蒸らすと、でき上がり。

白米を炊く場合の分量目安表

白米の量	0.5合	1合	1.5合	2合	3合
適応する土鍋のサイズ（かまどさんの場合）	一合炊き	一合炊き 二合炊き 三合炊き	二合炊き 三合炊き	二合炊き 三合炊き	三合炊き 五合炊き
水の量	110ml	一合炊き使用 200ml 二合炊き＆三合炊き使用 220ml	300ml	400ml	600ml
火加減＆炊く時間	中火 8〜9分	中火 10〜12分	中強火 10〜12分	中強火 10〜12分	中強火 12〜14分
	（火を止める目安は上ふたの穴から蒸気が勢いよく噴き出し始めてから約1〜2分後です）				
蒸らし時間	火を止めて、そのまま20分				

＊米1合（180ml、150g）で計量しています。
＊無洗米を炊く場合　無洗米の量は白米の分量より1割減らして計量（1合＝160ml）し、浸水は約1時間。水加減・炊き方・蒸らしは白米と同様です。
＊右記の炊き上げ時間は目安です。ご家庭で使用のガスや器具の種類によって火力が異なりますので、それぞれに合った炊き上げ時間をタイマーなどで設定してください。また水加減も目安です。お米の種類や新米古米・具の内容（炊き込みごはんの場合）・季節による水の温度差などによって、炊き上がり時間に若干差が出る場合があります。
＊少量（1合まで）を炊く場合は、通常の目安と異なりますので目安表をよくご覧ください。

炊きあがり

玄米の炊き方

「玄米は炊けますか?」と聞かれることが最近、増えています。もちろん、土鍋は玄米も美味しく炊けます。ここでは、白米を炊くときと異なるポイントだけを抜粋しました。

1 浸水

ボウルに、玄米と分量の水とひとつまみの塩を入れて12時間以上浸す。

2 炊く

1を「かまどさん」に移して、ガスの中火（火が強いとこげてしまうため、白米よりやや控えめな火加減）で約22～38分炊く。

3 蒸らす

火を止めてからそのままの状態で30～40分蒸らすと、でき上がり。

玄米を炊く場合の分量目安表

玄米の量	1 合	2 合	3 合
適応する土鍋のサイズ（かまどさんの場合）	一合炊き 二合炊き 三合炊き	二合炊き 三合炊き 五合炊き	三合炊き 五合炊き
水の量	300～320ml	570～600ml	900ml
火加減&炊く時間	中火22分 （蒸気が出て約10分）	中火28～30分 （蒸気が出て約13～15分）	中火35～38分 （蒸気が出て約15～18分）
蒸らし時間	火を止めて、そのまま30～40分		

＊玄米を炊く際に塩を入れるのは塩味のためではなく、玄米特有の苦み（カリウム）を和らげ、美味しく炊き上げるためです。

白がゆの炊き方

コトコトじっくりと炊いた
おかゆの美味しさも、土鍋ならではのもの。
体や胃がちょっと疲れたな、
というとき、ぜひ試してみてください。

1 セット
といで水切りした米と分量の水を「かまどさん」に入れて30分浸水させた後、上ふただけをセットする。

2 炊く
中火にかけ、沸騰したら均一に火が通るように木べらで鍋底から混ぜる。
＊米が煮えたら粘りが出るのでかき混ぜない。

3 炊き上げ、蒸らす
弱火にして噴きこぼれないようふたをずらして10～15分炊き、火を止めて約5分蒸らす。

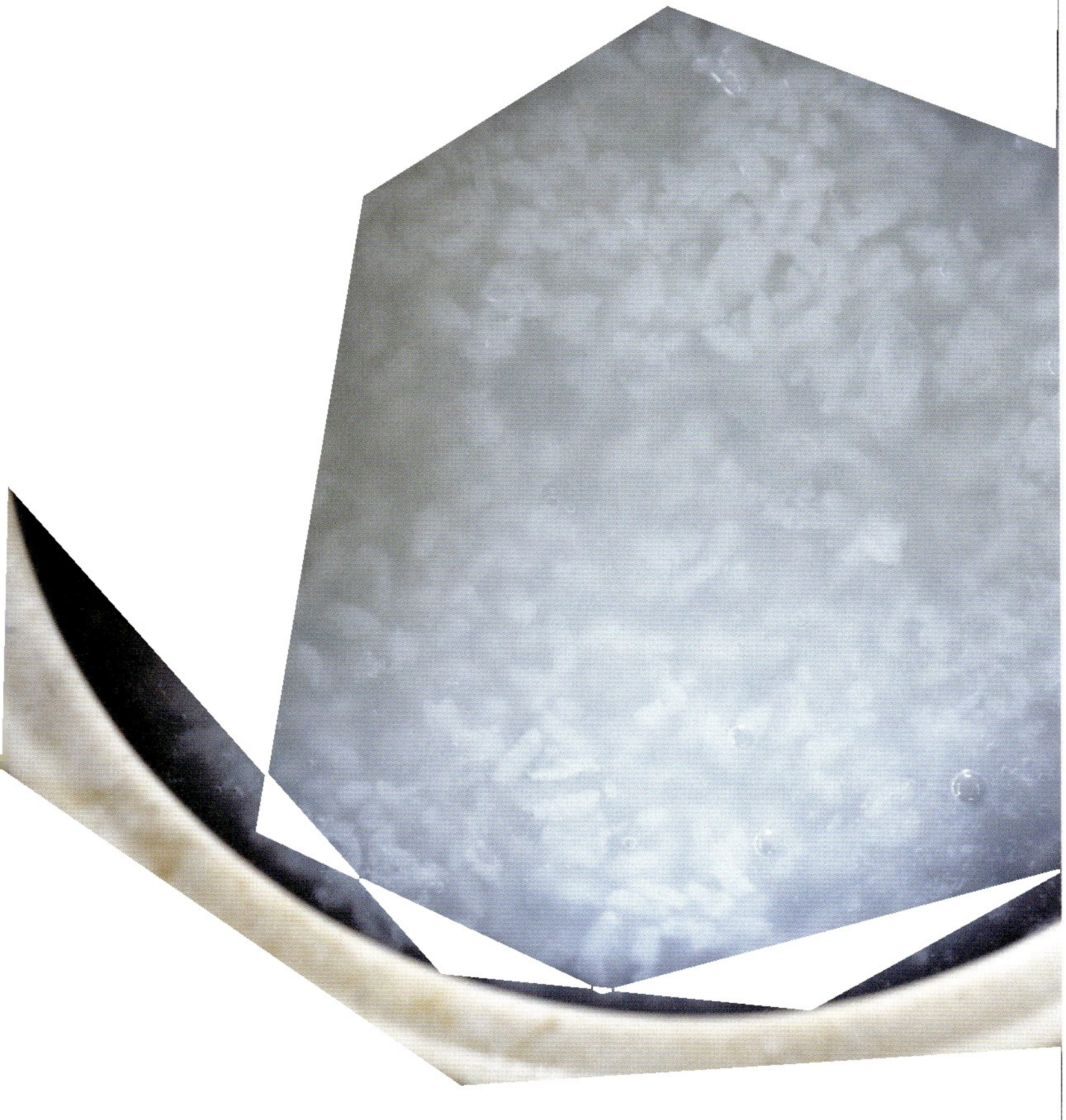

白がゆを炊く場合の分量目安

全がゆ	米：水＝1：5
五分がゆ	米：水＝1：10

＊水位は鍋の7分目までに。それ以上入れると、噴きこぼれる恐れがあります。
＊お好みで水量を調整してください。

第一章

毎日食べたい、デイリーごはん

この章では、日常的に家にあるもの、
季節にかかわらず準備しやすい材料などを使って、
簡単で美味しくできるごはんとおかず、
おやつを紹介します。
手がかからない。それでいて美味しい。
土鍋で作る日々のごはんは、毎日を幸せにしてくれます。

しょうがごはん

炊き上がったときの香りが最高。
食べると口いっぱいに、
爽やかな風味が広がります。

〈材料〉
しょうが（千切り）…50g
米…3合
水…550ml
A
- 酒…大さじ3
- 薄口しょうゆ…小さじ1
- 塩…小さじ1

〈作り方〉◎中ふた使用

1 米はといで、ざるに上げて水気を切る。
2 土鍋に1と水を入れ、約20分浸水する。
3 2にAとしょうがを入れ、中ふたと上ふたをセットして強めの中火にかけ、上ふたの穴から勢いよく蒸気が出てきたら1～2分後に火を止め、そのまま約20分蒸らしてさっくり混ぜる。

Point

炊き込みごはんの場合、調味料を加えてひと混ぜし、具材は混ぜ込まず米の上にのせます。

じゃこごはん

じゃこのうまみたっぷりの味わい深いごはん。
塩分はじゃこの分だけの、ほっとする味です。

〈材料〉
じゃこ…80g
米…3合
水…570ml
酒…大さじ2

〈作り方〉◎中ふた使用

1 米はといで、ざるに上げて水気を切る。

2 土鍋に1と水を入れ、約20分浸水する。

3 2に酒とじゃこを入れ、中ふたと上ふたをセットして強めの中火にかけ、上ふたの穴から勢いよく蒸気が出てきたら1～2分後に火を止め、そのまま約20分蒸らしてさっくり混ぜる。

塩こんぶ バターごはん

塩こんぶを入れて炊いたごはんに
バターを混ぜるだけ。
バターってごはんにとても合うのです。

〈材料〉

塩こんぶ（細切りのもの）…30g
米…3合
水…570ml
A 酒…大さじ1＋小さじ1（20ml）
　濃口しょうゆ…小さじ2
バター…30g
黒こしょう…適宜

〈作り方〉◎中ふた使用

1 米はといで、ざるに上げて水気を切る。
2 土鍋に1と水を入れ、約20分浸水する。
3 2にAと塩こんぶを入れ、中ふたと上ふたをセットして強めの中火にかけ、上ふたの穴から勢いよく蒸気が出てきたら1～2分後に火を止め、そのまま約20分蒸らす。
4 でき上がりにバターを混ぜ、お好みで黒こしょうをふる。

干物と梅干しのごはん

疲れている日も食が進むさっぱりとした味。
干物は、かますやさんまにしても。

〈材料〉
あじの開き干し…2枚
梅干し…4個
米…3合
水　570ml
A　薄口しょうゆ…大さじ2
　塩…小さじ½
みょうが（千切り）…適宜
大葉（千切り）…適宜
ごま…適宜

〈作り方〉◎中ふた使用
1 米はといで、ざるに上げて水気を切る。
2 土鍋に1と水を入れ、約20分浸水する。
3 あじの開き干しを焼き、身をほぐし、梅干しは種をとっておく。
4 2にAと3を入れる。
5 中ふたと上ふたをセットして強めの中火にかけ、上ふたの穴から勢いよく蒸気が出てきたら1～2分後に火を止める。
6 そのまま約20分蒸らしてさっくり混ぜる。お好みで、みょうが、大葉、ごまを散らす。

かやくごはん

みんなが大好きな王道の炊き込みごはんです。

〈材料〉

鶏もも肉（1.5㎝幅角切り）…150g
こんにゃく（3㎝の拍子切り）…80g
にんじん（3㎝の千切り）…1/3本
ごぼう（ささがき）…1/2本
しめじ…1/2パック
油あげ…1枚
米…3合
水…570ml
A 濃口しょうゆ…大さじ1＋小さじ2（25ml）
　みりん…小さじ1
あさつき（小口切り）…適宜

〈作り方〉◎中ふた使用

1 米はといで、ざるに上げて水気を切る。
2 しめじは根元を落としてほぐし、油あげは油抜きして3㎝の細切りにする。
3 土鍋に1と水を入れ、約20分浸水した後、Aと鶏肉、こんにゃく、にんじん、ごぼうと2を入れる。
4 中ふたと上ふたをセットして強めの中火にかけ、上ふたの穴から勢いよく蒸気が出てきたら1〜2分後に火を止め、そのまま約20分蒸らしさっくり混ぜる。お好みであさつきを散らす。

ひじきと大豆の発芽玄米ごはん

体にいい材料ばかりのヘルシーごはん。
炒った大豆の香ばしさがうれしい一品。

〈材料〉
ひじき（乾燥）…大さじ1
大豆（乾燥）…½カップ（約80g）
発芽玄米…40g
水…80ml
（水の量は発芽玄米の種類によって異なるので、表示に合わせて調整する）
米…2合
水…400ml
塩…小さじ1

〈作り方〉◎中ふた使用
1 ひじきを水で戻し、水気を切っておく。
2 米はといで、ざるに上げて水気を切る。
3 大豆を少し焦げ目がつく程度にフライパンなどで炒る。
4 土鍋に発芽玄米、水（480ml）と2と3を入れ、約20分浸水する。
5 4に1と塩を入れ、中ふたと上ふたをセットして強めの中火にかけ、上ふたの穴から勢いよく蒸気が出てきたら1〜2分後に火を止め、そのまま約20分蒸らしてさっくり混ぜる。

炒り玄米がゆ

疲れた、ちょっと食べ過ぎたな、という日にも。
ゆっくりコトコト時間をかけて作って。

〈材料〉
玄米…0.5合
水…600ml
塩…ひとつまみ

〈作り方〉

1 フライパンなどに玄米（洗わない）を入れて、弱火にかける。ぷちぷちと音がしてきたら、木べらで全体を混ぜながら、5〜10分炒る。

2 土鍋に1と水と塩を入れ、ふたをして強火にかける。ふたから蒸気が出てきたら弱火にして少しふたをずらし、約30分炊き、かき混ぜる。さらに約10分経ったら火を止め、余熱で約15分蒸らす。

3 お好みの薬味など（梅肉、すりごま、みょうが、かつおぶしなど）を適宜のせる。

オリーブごはん

オリーブが彩る、どこか愛らしいごはん。
土鍋のふたを開けたら、歓声が上がります。

〈材料〉

オリーブ…15粒
オリーブオイル…大さじ1
米…2.5合
水…500ml
A　コンソメスープの素（顆粒）…大さじ1
　　塩…小さじ½
ローリエ…1枚
黒こしょう…適宜

〈作り方〉◎中ふた使用

1　米はといで、ざるに上げて水気を切る。
2　土鍋に1と水とローリエを入れ、約20分浸水する。
3　2にAとオリーブ、オリーブオイルを入れて中ふたと上ふたをセットし、強めの中火にかけて、上ふたの穴から勢いよく蒸気が出てきたら1〜2分後に火を止め、そのまま約20分蒸らしてさっくり混ぜる。お好みで黒こしょうをかける。

チキンピラフ

骨つき鶏肉を使ったごちそうピラフです。

〈材料〉

骨つきの鶏肉…約200g
玉ねぎ（みじん切り）…1個
マッシュルーム（5㎜角切り）…6個
米…2.5合
A
水…250ml
牛乳…100ml
生クリーム…100ml
白ワイン…大さじ2
塩…小さじ1½
バター…30g
ディル…適宜
黒こしょう…適宜

〈作り方〉◎中ふた使用

1 鶏肉に塩・こしょう（分量外）をしておく。
2 土鍋にバターを溶かし、米（洗わない）を炒める。米が透き通ってきたら玉ねぎ、マッシュルームを加え、軽く炒め、Aと1を加える。
3 中ふたと上ふたをセットして強めの中火にし、上ふたの穴から勢いよく蒸気が出てきたら1〜2分後に火を止め、そのまま約20分蒸らす。
4 ふたを開けて鶏肉を取り出し、よく混ぜる。器に盛りつけ、お好みでディルと黒こしょうを。

ローズマリーのリゾット

シンプルなリゾットですが、やみつきに。

〈材料〉3～4人分

長ねぎ（白い部分をみじん切り）…½本
ローズマリー…1枝
パルメザンチーズ…½カップ
米…1.5合
湯…650ml
チキンスープの素…½個
バター…30g
白ワイン…150ml

〈作り方〉

1 湯にチキンスープの素を溶いておく。
2 土鍋を中火にかけてバターを溶かし、長ねぎと米（洗わない）を炒める。米が透き通ってきたら白ワインを加えて強火にし、水分をとばす。
3 1のスープを100ml入れ、強めの中火で水分をとばしながら、焦げないよう木べらで底からすくいあげるように炒める。再度スープを100ml加え、同様に炒める。
4 残りのスープとローズマリーを加えてふたをし、ごく弱火で約5分煮て火を止め、そのまま約5分蒸らす。パルメザンチーズを加えてよく混ぜる。

玄米のターメリックごはん

ターメリックバターを混ぜた玄米を型抜きしたら、カフェ風ごはんが完成。

〈材料〉

玄米…3合
水…900ml
塩…ひとつまみ
【ターメリックバター】(作りやすい分量)
　ターメリックパウダー…25g
　無塩バター…50g
ディル…適宜

〈作り方〉◎中ふた使用

1 玄米を洗い、水と塩を加えてボウルなどで約12時間浸水する。

2 バターを電子レンジで溶かし、その中にターメリックを入れてよく混ぜ、ターメリックバターを作る。

3 土鍋に1を入れ、中ふたと上ふたをセットして中火にかける。上ふたの穴から勢いよく蒸気が出てから15~18分後に火を止め、そのまま約30~40分蒸らす。

4 でき上がりに2を大さじ2ほど混ぜる。型抜きして、お好みでディルを飾る。

土鍋でおかずも!

食材にじっくりゆっくり熱を伝える土鍋は、
素材が本来もつうまみを
引き出してくれます。
ごはんを炊くだけじゃもったいない。
日常のおかず作りにも!

いただきます！
めしあがれ

煮豆 2種

ふっくら、つやつや。土鍋の蓄熱力をいかすと、火加減、火の番いらずで上手にお豆が煮えます。

ふっくら花豆煮

〈材料〉（作りやすい分量）
白花豆…250g
重曹…小さじ1
水…600ml
塩…小さじ1

〈作り方〉

1 ボウルに白花豆、1200mlの水（分量外）、重曹を入れてひと晩以上おく。

2 1を水ごと鍋（金ものなど）に入れて中火にかける。沸騰し、ブクブクとあわが出てきたら火を止め、5分ほどおいて湯を捨てる（ゆでこぼし）。

3 2の豆を水でよく洗い、水とともに土鍋に入れ、ふたを少しずらしてセットする。

4 強めの中火にかけ、約20分煮て火を止める。余熱で1時間以上おき豆を食べてみて固かったらもう一度中火に約10〜20分かける。豆がやわらかくなったのを確認したら、塩を入れて火を止める。

＊豆によってやわらかくなるまでの時間が異なります。豆のやわらかさは食べながら確認を。
＊煮汁ごと密封できる保存袋に入れたら、冷凍庫で約1カ月保存できます。まとめて作っておき、スープや煮物に活用して。

黒豆

〈材料〉（作りやすい分量）
黒豆…200g
水…1000ml
砂糖…160g
塩…ひとつまみ
＊甘み、塩けはお好みで加減してください。

〈作り方〉

1 黒豆はざるにあけ、やさしく洗って水気を切っておく。

2 鍋（金ものなど）に水、砂糖、塩を入れて沸騰させる。沸騰したら火を止め、黒豆を加えて、ふたをセットして一晩おく。

3 2を煮汁ごと土鍋に移す。厚手のキッチンペーパーを落としぶたにし、ふたをずらしてセットして中火〜弱火にかける。沸騰したらアクを取り除く。

4 火を止めてふたをし、冷めるまでおく。冷めたら火にかける、という作業を好みのやわらかさになるまで繰り返す。豆や火力にもよるが、大体、2〜3回でほどよいやわらかさに。

Point
水に砂糖、塩を加えて沸騰させた後、火を止めて黒豆を入れる。

Point
厚手のキッチンペーパーを落としぶたに。こうすると豆が煮汁から出ない。

肉じゃが

じゃがいもはほっこり、玉ねぎはとろとろに……。

〈材料〉(作りやすい分量)

じゃがいも…4～5個
牛肉（こま切れ）…200g
糸こんにゃく…1袋
玉ねぎ…1個
にんじん…1本
しょうゆ…大さじ4
砂糖…大さじ3
サラダ油…大さじ2

〈作り方〉

1 じゃがいもはよく洗い、皮つきのまま四つ切りにし、水に5分ほどさらしてざるに上げる。糸こんにゃくはアク抜きをして食べやすい長さに切る。玉ねぎは繊維に沿ってくし形に切り、にんじんは乱切りにする。

2 土鍋にサラダ油を熱して牛肉を中火で炒め、色が変わったら1のじゃがいもと玉ねぎ、糸こんにゃく、にんじんを加えてよく炒める。

3 水(分量外)をひたひたに加え、ふたをして中火にかけ、煮立ったらアクを取り、しょうゆと砂糖を加える。

4 再びふたをし、煮汁が2/3程度になったら、火を止めて余熱で約20分蒸らす。

あさりとキャベツのワイン蒸し

ジュジュッと炒め蒸しにするだけ。
あさりとキャベツは絶妙の相性です。

〈材料〉

あさり…250g
キャベツ（ざく切り）…¼個
にんにく（みじん切り）…1片
たかのつめ（小口切り）…適量
白ワイン…大さじ3
塩…適量
こしょう…適量
オリーブオイル…大さじ2
パセリ（みじん切り）…適宜

〈作り方〉

1 あさりは砂抜きをし、殻をこすり合わせて洗う。
2 土鍋にオリーブオイルをひき、にんにくとたかのつめを入れて中火にかける。香りが立ってきたら、あさり、キャベツ、白ワインを入れ、塩とこしょうをふる。ふたをして約5分炒め蒸しにする。
3 火を止め、約3分余熱で蒸らす。仕上げにお好みでパセリを散らす。

筑前煮

食材の下ゆでなしでも美味しくできる、
土鍋ならではの大らかな筑前煮です。

〈材料〉（作りやすい分量）

- 鶏もも肉…1枚（約250g）
- 干ししいたけ…6枚
- れんこん…1節
- ごぼう…½〜1本
- にんじん…1本
- こんにゃく…1枚
- 絹さや…適量
- 水…200ml
- だし昆布…1枚
- 花かつお…10g（ひとつかみ）
- サラダ油…大さじ2
- A
  - 酒…大さじ2
  - しょうゆ…大さじ4
  - 砂糖…大さじ3
  - みりん…大さじ1

〈作り方〉

1 洗った干ししいたけをカップ1の水に浸し、戻す。戻し汁とだし昆布を小鍋などに入れ、火にかける。沸騰したら花かつおを入れ1分煮立て、ふたをしてそのまま冷ましておく。

2 食材はすべて同じくらいの大きさ（やや大きめのひと口大）に切りそろえる。れんこん、ごぼうは水にさらしてアクを抜く。こんにゃくはちぎるとよい。絹さやは両端からスジを取り、さっと塩ゆでにしておく。

3 土鍋を強火にかけてサラダ油をひき、まずこんにゃくを炒める。こんにゃくのまわりから細かいあわが出てくるまでしっかり炒めたら、続けて鶏肉→ごぼう→れんこん→にんじん→干ししいたけの順に軽く炒める。

4 1のだしをこし、Aを合わせて3の鍋にまわし入れ、混ぜる。沸騰したら落としぶた（アルミホイルでも代用可）をし、ふたをして弱火で約20分煮込む。火を止めて、一度、完全に冷ます。

5 器に盛り、絹さやを散らす。

野菜の煮物 2種

素材の味を楽しむような
シンプルな煮物も
土鍋の得意技です。

大根の煮物

〈材料〉3~4人分
大根…400g
花椒…20粒
オイスターソース…大さじ1½
水…200ml
酒…100ml
ごま油…大さじ1

〈作り方〉
1 大根は皮をむき、大きめのひと口大の乱切りにする。
2 土鍋にごま油と花椒を入れて中火にかける。香りが立ったらオイスターソースを加え、さらに香りが出たら1を加えてからめる。
3 水と酒を加え、煮立ったら弱火にしてふたをし、約10分煮て、火を止めて余熱で約5分蒸らす。

里芋の煮物

〈材料〉3~4人分
里芋…7~8個（皮つきで約500g）
A 水…500ml
酒…大さじ2
薄口しょうゆ…小さじ2
塩…小さじ½
みりん…大さじ2
柚子の皮（千切り）…適宜

〈作り方〉
1 里芋はよく洗い皮をむく（里芋は1時間以上水につけてよく洗い、乾燥させてから皮をむくと処理がしやすい）。
2 土鍋にAを入れ、強火にかけて沸騰させる。
3 ふきんで1の里芋のぬめりをふき取ってから2に入れ、落としぶた（アルミホイルでも代用可）をし、ふたをして弱火で約25分煮る。
4 ふたをしたまま一度完全に冷まし、再度中火で約10分煮る。お好みで仕上げに柚子の皮を散らす。

だしのとり方

お料理の基本となる〝だし〟。土鍋での美味しいだしのとり方を教えます。

煮干しだし

少し煮込んでとる煮干しだしを土鍋で作ると、だしの風味が強まります。沸騰したら火を止めて余熱で仕上げるのがポイントです。

〈材料〉（作りやすい分量）
煮干し…40g
（頭・ワタを取って30g）
水…1000ml

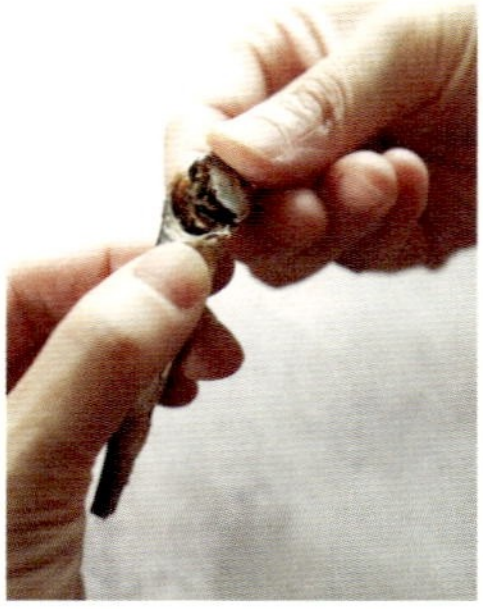

1
煮干しは頭とワタを取る。

2
ボウルに水と1の煮干しを入れ、30分～ひと晩つけておく。

3
土鍋に2を入れる。ふたをして強火にかけ、沸騰したら火を止めて10～20分余熱で煮出し、煮干しを取り出す。

鶏だし

土鍋でだしをとると、アクがあまり出てきません。
短時間の加熱と余熱で、きれいに透き通った、
滋味深い美味しい鶏だしが取れます。

〈材料〉（作りやすい分量）
鶏もも肉…2枚（約500g）
塩…小さじ1
水…900ml
酒…100ml

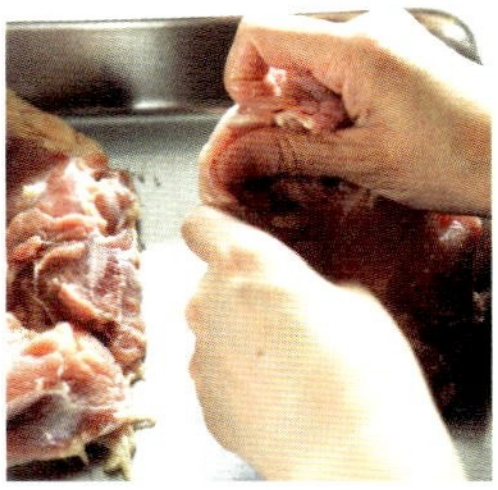

1
鶏もも肉2枚をよく洗い、水気を拭き取る。塩をもみ込み、10分ほどおく。

2
土鍋に1と水と酒を入れ、落としぶた（アルミホイルでも代用可）をかぶせて、ふたをし、強めの中火にかける。沸騰直前に弱火にして5〜10分ゆで上げる。

3
火を止め、ふたをしたまま冷めるまでおき、鶏肉を取り出す。

煮干しだしの汁物

なめこと豆腐のお味噌汁

〈材料〉
なめこ…1パック
豆腐…1丁
煮干しだし…800ml
味噌…大さじ3~4
（味噌の種類やお好みで調整）

〈作り方〉
1 なめこは水でさっと洗い、豆腐は食べやすい大きさに切っておく。
2 土鍋に煮干しだしを入れてふたをして強火にかける。沸騰したらなめこを入れ、味噌を溶き入れる。
3 豆腐を入れたらすぐに火を止め、余熱で2~3分蒸らす。

豚汁

〈材料〉
豚バラ肉（薄切り）…100g
木綿豆腐…1丁
大根…100g（3cm程度）
にんじん…½本
里芋…小さいもの4~5個
ごぼう…½本
こんにゃく…適量
いんげん（小口切り）…適量
ごま油…適量
煮干しだし…600ml
味噌…大さじ3~4
（味噌の種類やお好みで調整）
青ねぎ（小口切り）…適量

〈作り方〉
1 材料をすべて食べやすい大きさに切る。
2 土鍋にごま油を入れ、強めの中火にかけ、まずこんにゃくを炒める。続けて大根、にんじん、里芋、ごぼうを炒める。
3 全体に油がまわり、しんなりするまでよく炒めたら、煮干しだしを入れてふたをする。煮立ってきたら、豚バラ肉、豆腐を入れる。中火にして約5分煮込む。
4 いんげんを入れ、味噌を溶かし入れる。火を止め、そのまま約15分おく。
5 器に盛りつけ、ねぎを散らす。

大根の煮干し汁

〈材料〉
大根（5㎜拍子切り）…½本
煮干しだし…800ml
薄口しょうゆ…小さじ2
塩…小さじ½
青ねぎ（小口切り）…適量

〈作り方〉
1 土鍋に煮干しだしと大根を入れてふたをして強火にかける。沸騰したら弱火にして3~5分煮て、薄口しょうゆと塩を入れ、火を止める。
2 食べる直前にねぎを入れる。

なすとオクラのお味噌汁

〈材料〉
なす…3本
オクラ…8本
煮干しだし…800ml
味噌…大さじ3~4
（味噌の種類やお好みで調整）
みょうが（千切り）…2個

〈作り方〉
1 なすとオクラは食べやすい大きさに切る。
2 土鍋に煮干しだしを入れてふたをして強火にかける。沸騰したらなすを入れて約5分加熱し、オクラを加え、味噌を溶き入れる。
3 みょうがを入れ、すぐに火を止める。

鶏だしの汁物

そば米のスープ

〈材料〉

そば米…200ml
鶏だし…800ml
塩…適量
こしょう…適量
三つ葉（ざく切り）…適量

〈作り方〉

1 そば米を熱湯（分量外）で約8分下ゆでし、ざるに上げておく。

2 土鍋に鶏だしと1を入れ、温めて塩、こしょうで味をととのえ、三つ葉を散らす。

＊大根やしいたけを入れても美味しいです。

かぶのスープ

〈材料〉

かぶ…2個
A 鶏だし…800ml
　干しエビ…大さじ2
　しいたけ（薄切り）…2枚
　酒…大さじ2
B ナンプラー…小さじ2
　塩…適量
　こしょう…適量
香菜（ざく切り）…適量

〈作り方〉

1 かぶはよく洗い、つけ根をのこして葉を落とし、皮をむかずに6～8等分に切る。

2 土鍋にAを入れて強火にかける。沸騰したら弱火にしてアクを取り、ふたをして約10分煮込む。かぶを加え、さらに約10分煮込む。

3 Bを加えて味をととのえ、香菜を添える。

コーンスープ

〈材料〉

スイートコーン缶詰
（つぶタイプ）…約400g
（クリームタイプ）…約400g
玉ねぎ（みじん切り）…1個
バター…15g
鶏だし…400ml
牛乳…400ml
塩…小さじ1
パセリ（みじん切り）…1枝

〈作り方〉

1 土鍋を中火にかけてバターを溶かし、玉ねぎを入れる。軽く炒めてふたをし、ときどき混ぜながら弱火で蒸し炒めする。玉ねぎがしんなりしてきたら火を止め、ふたをして余熱で5分蒸らす。

2 1にスイートコーン2種、鶏だし、牛乳、塩を加えて中火で加熱し、ふつふつと沸いてきたら火を止め、ふたをして余熱で30分蒸らし、パセリを散らす。

*焦げつきやすいので、ときどきかき混ぜてください。

豆腐の豆乳スープ

〈材料〉

絹ごし豆腐…2丁
豆乳（無調整）…400ml
鶏だし…100ml
水溶きコーンスターチ
（コーンスターチ大さじ1を水大さじ2で溶く）
黒こしょう…適宜
柚子こしょう…適宜
粗塩…適宜

〈作り方〉

1 土鍋に豆乳と鶏だしを入れて火にかけ、煮立ったら水溶きコーンスターチを加えて軽くとろみをつける。

2 軽く崩した豆腐を加えて、ひと煮立ちしたら火を止める。ふたをして余熱で約5分蒸らす。

3 お好みで黒こしょう、柚子こしょう、粗塩などを合わせる。

おはぎ

粒あんももち米も土鍋で炊くおはぎ。
小豆は浸水させなくても
すぐ使えるので手軽です。
甘さ、塩加減はお好みで。

〈材料〉（約20個分）
もち米…3合
水…540ml
あん
- 小豆…300g
- 水…1000ml
- きび砂糖…250～300g
- 塩…小さじ1

【小豆を煮て、あんを作る】

1 小豆はさっと水で洗う。鍋（金ものなど）に小豆と小豆の2～3倍の水（分量外）を入れて強火にかける。沸騰したら1カップの差し水（分量外）をし、約10分煮て一度ゆでこぼす。

2 小豆を土鍋に移し、水を入れてふたを少しずらしてセットし、弱火で1時間ほど、小豆が指でつぶれるくらいのやわらかさになるまで煮る（途中で豆が水から出ないよう、煮汁が少なくなったら、水を足しながら煮る）。

3 ざるにさらしをセットして土鍋の中身をあけ、軽く水を切る。

4 土鍋に3を戻し、砂糖と塩を加え、ふたを取って弱火でかき混ぜながら5分ほど煮詰める。火を止めて1～2分ほど、焦げないようにかき混ぜる。水分をとばしすぎると後でパサつくので、少し水分を残すぐらいの仕上がりで。

Point
味付け前にさらしにあけ、一度、軽く水を切る。

Point
焦げつかないよう、木べらなどで底からすくい上げるようかき混ぜて。

【もち米を炊いて、おはぎを作る】

◎中ふた使用

1 もち米はといで、ざるに上げて水気を切る。

2 ボウルに1と水を入れ、約1時間浸水する。

3 土鍋に2を移して、中ふたと上ふたをして強めの中火にかけ、ふたから勢いよく蒸気が出てきたら火を止め、そのまま約20分蒸らす。

4 蒸らし終わったら俵型に握って、あんでくるむ。

＊もち米は、浸水時間をのばせば、白米と同じ要領で簡単に炊くことができます。

ジャムいろいろ

コトコトと煮込むだけでできる
ジャム2種とジンジャーシロップを。

りんごジャム（写真右）

〈材料〉（作りやすい分量）
りんご
（皮をむいて薄切り）…3個
白ワイン…２００ml
メープルシロップ…80ml
レモン汁…大さじ2

〈作り方〉
1 土鍋に材料をすべて入れ、ふたをして弱火でコトコト約1時間煮詰める。途中、焦げないよう注意して。

いちご薔薇ジャム（写真中央）

〈材料〉（作りやすい分量）
いちご…約3パック
（ヘタを取って約９００ｇ）
グラニュー糖…４５０ｇ
（いちごの半分が目安。お好みで増減を）
薔薇（ハーブティー用）…12g
レモン汁…大さじ2

〈作り方〉
1 土鍋に水洗いしたいちご、グラニュー糖、薔薇を入れ、ふたをせず弱火にかける。水分が出るまでは焦げやすいので注意して。
2 数分経つと水分が出てくるので、時々かき混ぜて均一に火を入れていく。
3 いちごがやわらかくなってきたら火を止め、レモン汁を加えてふたをして冷めるまでそのままおく。果肉をつぶしてもOK。

ジンジャーシロップ（写真左）

〈材料〉（作りやすい分量）
しょうが（2〜3㎜薄切り）…1個（約60g）
きび砂糖…300g
水…480ml
レモン汁…大さじ1
ローリエ…2枚

〈作り方〉
1 ボウルにしょうがを入れ、きび砂糖を加えて全体によく混ぜる。水分が上がってくるまで2時間以上おく。
2 1を土鍋に移し、水、レモン汁、ローリエを加える。
3 最初は強火にかけ、煮立ったらアクを取り、弱火にしてふたをし、約30分煮る。ローリエを取り出し、火を止めてじっくり冷ます。
4 ざるなどでこしてシロップとしょうがに分ける。
＊シロップは炭酸やお酒で割って楽しみ、スライスは刻んでお料理などに活用して。

ふかしいも

土鍋の遠赤外線効果でさつまいもが甘く、ホクホクに。

＊P95で紹介の「金網」を使用

〈材料〉
さつまいも（小さめ）…3本
塩…適量
バター…適量

〈作り方〉
1 土鍋に金網を敷き、水300ml（分量外）を入れて縦半分に切ったさつまいもを金網に並べる。ふたをして強火にかけ、沸騰したら中火にして約15分ふかし、火を止めてそのまま約15分余熱で蒸らす（竹串がすっと通ればOK。固かったら再度水を張り、竹串がすっと通るまでふかす）。
2 器に盛り、塩をふりかけてバターをのせる。

第二章

ワイワイ食べたい、もてなしごはん

この章では、
家族や親しい友人たちが
集まるときに作りたい、
季節感のあるごちそうごはんや
お酒をワイワイ飲みながら楽しみたい
おつまみ、デザートを紹介します。
土鍋を囲みながら、みんなで
美味しいものを飲んで食べると、
心まで弾んできます。

たけのこごはんとはまぐりのお吸い物

春といえば、たけのこ。
その香りを封じ込めたごはんと
貝のうまみたっぷりのお吸い物を。

Point
たけのこは陶板やフライパンなどで焼いてから入れると香ばしい。

焼きたけのこごはん

〈材料〉

ゆでたけのこ…大1本（約200g）
米…2.5合
水…440ml
A 酒…大さじ3
　薄口しょうゆ…大さじ1½
　塩…小さじ1
木の芽…適量

〈作り方〉◎中ふた使用

1 米はといで、ざるに上げて水気を切る。
2 土鍋に1と水を入れ、約20分浸水する。
3 ゆでたけのこは穂先と根元に切り分け、それぞれひと口大にし、フライパンなどで両面に焼き目がつくまで焼く。
4 2にAを入れ、3のたけのこを並べる。
5 中ふたと上ふたをセットして強めの中火にかけ、上ふたの穴から勢いよく蒸気が出てきたら1～2分後に火を止め、そのまま約20分蒸らしてさっくり混ぜる。
6 仕上げに木の芽を散らす。

はまぐりのお吸い物

〈材料〉

はまぐり…8～10個
水…800ml
だし昆布…10cm
酒…大さじ1
塩…小さじ1
三つ葉（ざく切り）…適量
柚子の皮（千切り）…適宜

〈作り方〉

1 はまぐりは砂抜きをし、殻をこすり合わせてよく洗う。
2 土鍋に1と水、だし昆布、酒、塩を入れ、ふたをして火にかける。煮立つ直前に昆布を取り出し、沸騰したらアクを取り除く。
3 はまぐりの口が開いたらでき上がり。火を止め、三つ葉を加える。器に取り分け、お好みで柚子の皮を散らす。

お赤飯

お祝いに欠かせないお赤飯も土鍋なら手軽。

〈材料〉

もち米…3合
小豆…120g
小豆のゆで汁…540～600ml
ごま塩…適宜

〈作り方〉◎中ふた使用

1 小豆を下ゆでする。小豆は洗って鍋（金ものなど）に入れ、かぶるほどの水を加えて強火にかけ、沸騰したら一度ゆでこぼす。再びかぶるほどの水を加えて中火にかける。沸騰後さし水をして弱火にし、20～30分かけ固めにゆで上げる。ざるなどでこして小豆とゆで汁に分け、冷ます。ゆで汁が分量に足りない場合は水を足す。

2 もち米はといで、ざるに上げて水気を切る。

3 ボウルに2と小豆のゆで汁を入れ、約1時間浸水する。

4 土鍋に3を移して小豆を加える。中ふたと上ふたをセットして強めの中火にかけ、上ふたの穴から勢いよく蒸気が出てきたら火を止め、そのまま約20分蒸らす。

5 蒸らし終わったらさっくり混ぜ、お好みでごま塩をふる。

鯛めし

おもてなしの食卓を盛り上げる一品。鯛に焼き目をつけて炊くと香ばしい仕上がりに。

〈材料〉

小鯛…1尾
米…2.5合
水…460ml
A
　だし昆布…10cm
　酒…大さじ1
　薄口しょうゆ…大さじ2
　塩…少々
木の芽…適宜

〈作り方〉◎中ふた使用

1 米はといで、ざるに上げて水気を切る。
2 土鍋に1と水を入れ、約20分浸水する。
3 小鯛ははらわた、うろこを除いて切り目を入れ、両面を軽く焼く。
4 2にAと3を入れる。中ふたと上ふたをセットして強めの中火にかけ、上ふたの穴から勢いよく蒸気が出てきたら1～2分後に火を止め、そのまま約20分蒸らす。
5 蒸らし終わったら鯛を取り出して骨を除き、身をほぐしてさっくり混ぜる。お好みで木の芽を散らす。

あさりごはん

ぷっくり太った旬のあさりは
春のごちそう。
仲のいい友達を招く、
気軽な日にも。

〈材料〉

あさり…500g（砂抜きしたやや大ぶりのもの）
米…2.5合
あさりのゆで汁…450ml
だし昆布…10cm
A
- 酒…大さじ2
- 薄口しょうゆ…大さじ1
- 塩…少々

あさつき（小口切り）…適量

〈作り方〉◎中ふた使用

1 米はといで、ざるに上げて水気を切る。

2 あさりは洗って鍋に入れ、だし昆布とかぶるくらいの水（分量外）を入れて火にかける。途中でアクを取り、あさりの口が開いて1～2分したら火を止め、あさりを取り出す。ゆで汁はこして冷ましておく（ゆで汁が分量に足りない場合は水を足す）。あさりの身は殻からはずす。

3 土鍋に1、あさりのゆで汁を入れて、約20分浸水する。

4 3にAを入れ中ふたと上ふたをセットして強めの中火にかけ、上ふたの穴から勢いよく蒸気が出てきたら1～2分後に火を止め、そのまま約20分蒸らす。

5 蒸らし終わったら、水気を切ったあさりを混ぜ合わせ、あさつきを散らす。

さくらごはん

桜の季節に作りたくなる、淡いさくら色のごはん。目で、舌で、春を楽しんで。

〈材料〉

桜の花の塩漬け…8～10輪
食紅…少々（耳かき1杯程度）
米…3合
水…600ml
塩…小さじ½

〈作り方〉◎中ふた使用

1 米はといで、ざるに上げて水気を切る。
2 塩漬けの桜の花を約1時間、水（分量外）に浸し、塩抜きしておく。
3 土鍋に1、水、食紅を入れ、約20分浸水する。
4 3に塩を入れ、中ふたと上ふたをセットして強めの中火にかけ、上ふたの穴から勢いよく蒸気が出てきたら1～2分後に火を止め、そのまま約20分蒸らし、さっくり混ぜる。
5 ごはんを盛りつけ、2を添える。

ビビンバとわかめごまスープ

暑い夏は、元気がでるメニューでおもてなし。具や薬味をお皿に並べ、ごはんにお好みの具をのせる形でも。

ビビンバ

〈材料〉
米…3合
水…600ml
【ナムル】
にんじん（細切り）…½本
ほうれん草…1把
豆もやし…½袋
ごま油…大さじ1
にんにく
（すりおろす）…1片
塩…少々
【肉みそ】
豚赤身挽き肉…250g
玉ねぎ（みじん切り）…1個
ごま油…大さじ1
にんにく（すりおろす）…小さじ½
A 濃口しょうゆ…大さじ2
味噌…大さじ1
砂糖…大さじ1
【半熟たまご】
たまご…2個
【キムチ】
キムチ
（市販のもの）…適量
【コチュジャンだれ】
コチュジャン…大さじ3
水…大さじ1
【薬味】
白髪ねぎ…適宜
もみのり…適宜
いりごま…適宜

〈作り方〉◎中ふた使用

1 米はといで、ざるに上げて水気を切る。
2 土鍋に1と水を入れ、約20分浸水する。
3 ナムルの材料をゆで、それぞれ、ごま油、おろしにんにく、塩で味つけする。肉みそは、フライパンにごま油とにんにくを入れて熱し、玉ねぎと豚挽き肉を炒め、Aを入れ、中火で煮詰める。コチュジャンを水でのばし、コチュジャンだれを作る。
4 土鍋の中ふたと上ふたをセットして強めの中火にかけ、上ふたの穴から勢いよく蒸気が出てきたら1～2分後に火を止め、約20分蒸らし、さっくり混ぜる（火を止めた直後に中ふたの上にたまごを置き、10分後に取り出すと、半熟たまごに）。
5 ごはんにナムル、肉みそ、半熟たまご、キムチ、コチュジャンだれ、お好みで薬味をのせる。

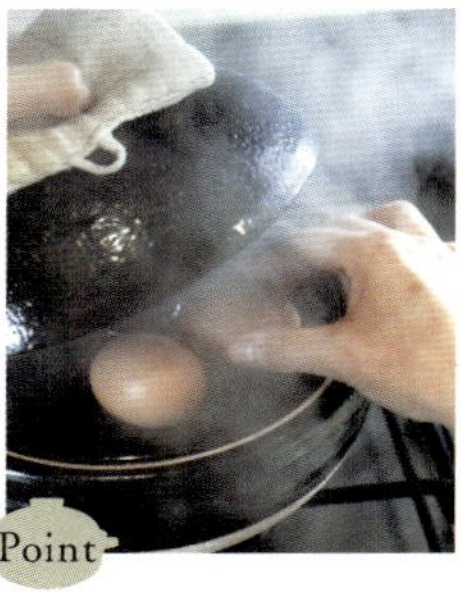

Point
たまごは火を止めた直後に中ふたの上に（中ふたの穴をふさがないように）。
＊ガスの火力、火加減で時間は若干異なります。

わかめごまスープ

〈材料〉
カットわかめ（戻しておく）…適量
長ねぎ
（白い部分をみじん切り）…¼本
白ごま…適量
A 鶏だし…800ml
（P35で作ったものを使用）
にんにく
（すりおろす）…½片
酒…大さじ1
ごま油…小さじ1
塩…適量

〈作り方〉

1 土鍋にAを入れて強火にかける。沸騰したら中火にしてわかめ、長ねぎを加えて3～4分で火を止める。
2 でき上がりに白ごまをすりつぶしながらかける。

枝豆と甘酢しょうがごはん

枝豆の色が涼やかな夏のごはん。
枝豆は最後に散らすと、みずみずしく。

〈材料〉
枝豆（塩ゆでしてさやからはずす）…80g
甘酢漬けしょうが
（市販のものを千切り）…50g
米…2.5合
水…430ml
A　甘酢漬けしょうがのつけ汁…大さじ3
　酒…大さじ1
　薄口しょうゆ…大さじ1

〈作り方〉◎中ふた使用

1 米はといで、ざるに上げて水気を切る。
2 土鍋に1と水を入れ、約20分浸水する。
3 2にAとしょうがを入れ、中ふたと上ふたをセットして強めの中火にかけ、上ふたの穴から勢いよく蒸気が出てきたら1〜2分後に火を止め、そのまま約20分蒸らしてさっくり混ぜる。
4 でき上がりに枝豆を散らす。

たこごはん

ゆでだこを炊き込む
味わい深いごはんはほんのりさくら色。
クセになる美味しさです。

〈材料〉

ゆでだこ（細かく切る）…150g
米…1.5合
もち米…1.5合
水…520ml
A 酒…60ml
　塩…小さじ1½
　みりん…大さじ1
青ねぎ（小口切り）…適量

〈作り方〉◎中ふた使用

1 米ともち米はといで、ざるに上げて水気を切る。
2 ボウルに1と水を入れ、約1時間浸水する。
3 土鍋に2を移しAとたこを入れ、中ふたと上ふたをセットして強めの中火にかけ、上ふたの穴から勢いよく蒸気が出てきたら1〜2分後に火を止め、そのまま約20分蒸らす。
4 蒸らし終わったらさっくり混ぜ、青ねぎを散らす。

洋風炊き込みごはん

イカやエビなど
海の幸たっぷりの豪華な
ピラフは最高のおもてなし。

〈材料〉

イカ…1杯（約200g）
あさり…300g
有頭エビ…4尾
玉ねぎ（粗みじん切り）…1個
にんにく（粗みじん切り）…1片
米…2合
オリーブオイル…大さじ2
こしょう…少々
A
　水…360ml
　チキンスープの素…1個
　塩…小さじ½
　白ワイン…大さじ2
ディル…1枝
黒こしょう…適量

〈作り方〉◎中ふた使用

1 米はといで、ざるに上げて水気を切る。

2 イカはさばいて食べやすい大きさに切る。あさりは砂抜きをし、殻をこすり合わせて洗う。エビはヒゲを切り、塩（分量外）をふっておく。

3 土鍋にオリーブオイルとにんにくを入れ、中火にかける。匂いが立ってきたら玉ねぎを加え、しんなりするまで炒める。

4 3に米を入れ透き通る程度に炒める。Aを入れ、全体を混ぜて表面をならす。

5 4の上にイカ、あさり、エビを並べ、全体にこしょうをふる。

6 中ふたと上ふたをセットして強めの中火にかけ、上ふたの穴から勢いよく蒸気が出てきたら1〜2分後に火を止め、そのまま約20分蒸らす。

7 蒸らし終わったらさっくり混ぜ、でき上がりにディルを添え黒こしょうをかける。

うなぎごはん

市販のうなぎがふっくらと。夏バテ防止にぴったりです。

〈材料〉
うなぎ（蒲焼きにしたもの）…1尾
米…2合
水…400ml
いりごま…適量
【たれ】（作りやすい分量）
酒…大さじ2
濃口しょうゆ…50ml
＊市販のものを使用しても。
【薬味】
きゅうり（薄切り）…適宜
みょうが（千切り）…適宜
大葉（千切り）…適宜
刻みのり…適宜

〈作り方〉◎中ふた使用

1 米はといで、ざるに上げて水気を切る。

2 土鍋に1と水を入れて約20分浸水する。

3 薬味のきゅうりは塩少々（分量外）でもみ、水気を絞る。

4 たれの材料を小鍋に入れて火にかけ、軽くとろみがつくまで煮詰めて火を止め、そのまま冷ます。うなぎは2cm程度に切っておく。

5 2の土鍋に中ふたをし、その上に4のうなぎをのせる。このとき、うなぎが中ふたの穴をふさがないよう注意して。

6 上ふたをして強めの中火にかけ、上ふたの穴から勢いよく蒸気が出てきたら1～2分後に火を止め、そのまま約20分蒸らす。

7 蒸らし終わったら、ごはんを混ぜ、中ふた上のうなぎを全部のせる。仕上げにたれを適量かけ、いりごまをふり、お好みで薬味などを添える。

秋

鮭いくらごはんときのこのマリネ

食欲の秋には、旬のごちそう混ぜごはんがうれしい。食いしん坊たちも大喜びです。

鮭いくらごはん

〈材料〉

塩鮭…2切れ（200g程度）
いくら…120g
米…2.5合
水…500ml
白ごま…適量

〈作り方〉◎中ふた使用

1 米はといで、ざるに上げて水気を切る。
2 土鍋に1と水を入れ、約20分浸水する。
3 中ふたと上ふたをセットして強めの中火にかけ、上ふたの穴から勢いよく蒸気が出てきたら1～2分後に火を止める。ふたを開けて素早く鮭を並べ、もう一度ふたをして約20分蒸らす。
4 鮭の身をほぐしてさっくり混ぜ、器に取り分け、いくらをのせて、白ごまをかける。

Point

鮭はごはんを蒸らすタイミングで入れ、蒸らし終わったらほぐす。

きのこのマリネ

〈材料〉

マッシュルーム…8個
エリンギ…2本
しいたけ…4枚
しめじ…1パック
パセリ（みじん切り）…適量
黒こしょう…適量

【マリネ液】

アンチョビ（細かく切る）…3切れ
にんにく（みじん切り）…1片
ローリエ…1枚
オリーブオイル…50ml
白ワイン…50ml
塩…小さじ1/3

〈作り方〉

1 きのこ類を食べやすい大きさにさく。
2 土鍋に1とマリネ液の材料を入れ、弱めの中火に1～2分かけ、全体を混ぜてなじませる。ふたをして弱火で5分加熱し、火を止めてそのまま余熱で約2分蒸らす。
3 パセリと黒こしょうをふりかける。

さつまいもごはん

さつまいもの甘みとお米の甘み。
実りの秋を、存分に楽しんでください。

〈材料〉
さつまいも…400g
米…3合
水…600ml
だし昆布…10cm
塩…小さじ1½
黒ごま…適宜

〈作り方〉◎中ふた使用

1 米はといで、ざるに上げて水気を切る。
2 土鍋に1と水、だし昆布を入れ、約20分浸水する。
3 さつまいもはよく洗って皮つきのままいちょう切りにし、水にさらしてアク抜きをする。
4 2に塩と3を入れ、中ふたと上ふたをセットして強めの中火にかけ、上ふたの穴から勢いよく蒸気が出てきたら1～2分後に火を止め、そのまま約20分蒸らす。
5 蒸らし終わったら昆布を取り出し、さっくり混ぜる。お好みで黒ごまを散らす。

きのこごはん

きのこの種類を増やすと、味に深みが出てきます。香ばしいおこげとともに。

〈材料〉

まいたけ…1パック
しめじ…1パック
しいたけ…3枚
えのき…½パック
さやいんげん（細斜め切り）…5本
米…2.5合
水…450ml
A 酒…大さじ1＋小さじ2（25ml）
　薄口しょうゆ…大さじ1＋小さじ2（25ml）

〈作り方〉◎中ふた使用

1 米はといで、ざるに上げて水気を切る。
2 きのこ類を食べやすい大きさに切る。
3 土鍋に1と水を入れ、約20分浸水する。
4 3にAと2を入れ、中ふたと上ふたをセットして強めの中火にかけ、上ふたの穴から勢いよく蒸気が出てきたら1〜2分後に火を止め、そのまま約15分蒸らす。
5 一度ふたを開けて、さやいんげんを加え、すぐにふたを閉めてさらに約5分蒸らしてさっくり混ぜる。

栗の中華風おこわ

栗ときのこを贅沢に使った秋を楽しむおこわ。
材料を入れて炊くだけで、本格的な味わいに。

〈材料〉

栗（皮をむいたもの）…10粒
＊生栗が手に入らないときは、市販の焼き栗や甘栗でもＯＫ。その場合は皮をむいてでき上がりに混ぜる。
しめじ…1パック
ほたての缶詰…1缶
もち米…2合
しょうが（千切り）…1かけ
A ほたての缶詰の汁＋水…560ml
B しょうゆ…大さじ2
砂糖…小さじ2
オイスターソース…小さじ1
ごま油…大さじ½
三つ葉（5㎜に切る）…½束
刻みのり…適宜

〈作り方〉◎中ふた使用

1 もち米はといで、ざるに上げて水気を切る。
2 栗は半分に切り、しめじは根元を落としてほぐす。
3 ボウルに1とAを入れて約1時間浸水する。
4 土鍋に3を移し、2、ほたて、しょうが、Bを入れ、ごま油をまわし入れる。中ふたと上ふたをセットして強めの中火にかけ、上ふたの穴から勢いよく蒸気が出てきたら1〜2分後に火を止め、そのまま約20分蒸らす。
5 仕上げに三つ葉を加え、さっくり混ぜる。お好みで刻みのりを添えて。

さんまごはん

あぁ秋がきた、と思わせるごはん。
ぎんなんの彩りも秋の気分を盛り上げます。

〈材料〉
さんま…1尾
ぎんなん（缶詰）…適量
米…2.5合
水…440ml
A 酒…大さじ2＋小さじ2（40ml）
　薄口しょうゆ…大さじ1＋小さじ2（25ml）
　塩…適量
レモン汁…適宜

〈作り方〉◎中ふた使用
1 さんまは表面にふり塩（分量外）をして焼いておく。
2 米はといで、ざるに上げて水気を切る。
3 土鍋に2と水を入れて約20分浸水する。
4 3にAとさんまとぎんなんを入れる。中ふたと上ふたをセットして強めの中火にかけ、上ふたの穴から勢いよく蒸気が出てきたら1～2分後に火を止め、そのまま約20分蒸らす。
5 蒸らし終わったら、さんまの身をほぐしてごはんに混ぜ合わせる。お好みでレモン汁をかけて。

冬

ほたてごはんと春菊とパルメザンチーズのサラダ

ほたても、冬になると美味しさが増します。春菊の簡単サラダをたっぷりと添えて。

ほたてごはん

〈材料〉
ほたて貝柱…300g（9～10個）
米…2.5合
水…430ml
A 酒…大さじ3
　薄口しょうゆ…大さじ1½
粉ざんしょう…適宜

〈作り方〉◎中ふた使用
1 米はといで、ざるに上げて水気を切る。
2 ほたて貝柱の両面に軽く塩（分量外）をふり、焼いておく。
3 土鍋に1と水を入れ、約20分浸水する。
4 3にAを入れ、中ふたと上ふたをセットして強めの中火にかけ、上ふたの穴から勢いよく蒸気が出てきたら1～2分後に火を止め、そのまま約20分蒸らす。
5 蒸らし終わったら、2のほたて貝柱をさっと混ぜ、お好みで粉ざんしょうをかけて。

Point
最初にほたてを焼いておくことで香ばしさが出る。

春菊とパルメザンチーズのサラダ

〈材料〉
春菊（葉っぱ部分のみ）…1把程度
ベーコン…4枚
パルメザンチーズ（固形）…40g程度
【ドレッシング】
オリーブオイル…大さじ3～4
パルメザンチーズ（粉）…大さじ2
レモン汁…大さじ2弱
にんにく（すりおろす）…1片
塩…適量
黒こしょう…適量

〈作り方〉
1 春菊はやわらかい部分のみを食べやすい大きさに切っておく。ベーコンを細切りにして油を入れずにフライパンに入れ、カリカリにして皿にとっておく。
2 ボウルにドレッシングの材料を入れて攪拌し、1を混ぜ込む。仕上げにパルメザンチーズをスライスして散らす。

蒸し豚ごはん

お客さまの前に土鍋ごと出し、
目の前で混ぜて
仕上げると大盛り上がり！

〈材料〉
豚バラ肉（ブロック）…約300g
米…1合
もち米…1合
米焼酎…50ml
塩…大さじ½
白髪ねぎ…1本分
ごま油…少々

A
しょうが（薄切り）…1かけ分
長ねぎ（青い部分）…1本分
だし昆布…8cm
濃口しょうゆ…大さじ1
砂糖…大さじ1
水…500ml

〈作り方〉◎中ふた使用

1 豚肉に塩をすり込みひと晩おく。

2 軽く塩を洗い流し、フライパンで豚肉の表面を焼きつける。土鍋にAと肉を入れ、沸騰したら弱火にして、途中アクを取りながら30分煮込み、そのまま冷ます。

3 冷めたら肉を取り出し、3mm厚にスライスする。煮汁は350ml取っておく。土鍋は一度きれいに洗う。

4 米ともち米はといで、ざるに上げて水気を切る。

5 土鍋に3と2の煮汁を入れて、約20分浸水する。

6 5に米焼酎を入れ、中ふたをして中ふたの上にスライスした豚肉を並べる。上ふたをして強めの中火にかけ、上ふたの穴から勢いよく蒸気が出てきたら1～2分後に火を止め、そのまま約20分蒸らす。

7 蒸らし終わったらふたを開け、中ふた上の豚肉をごはんの上にのせる。白髪ねぎをごま油で和えて豚肉の上にたっぷりのせる。

カリフラワーのリゾット

カリフラワーを贅沢に使った
白いリゾットは白のお皿に盛りつけて。

〈材料〉
カリフラワー…1房
米…1合
水…１０００ml
塩…小さじ1
オリーブオイル…大さじ1
粉チーズ…大さじ4
黒こしょう…少々

〈作り方〉
1 カリフラワーは食べやすい大きさの小房に切り分ける。
2 土鍋に水と塩を入れて火にかける。1を入れ、つぶれるくらいにゆでる。
3 2に米を洗わず入れ、ふたをして中火で約15分煮る。
4 ふたを開けて弱火にし、かき混ぜながら水分をとばし、お好みのゆるさに仕上げる。
5 仕上げにオリーブオイルをまわしかけて粉チーズと黒こしょうをふりかける。

ゆり根ごはん

ほっくりとして、ほのかな甘みのある
ゆり根を楽しむ上品なごはんです。

〈材料〉

ゆり根…大1個
米…2.5合
水…450ml
酒…50ml
塩…小さじ½

〈作り方〉◎中ふた使用

1 米はといで、ざるに上げて水気を切る。
2 土鍋に1と水を入れ、約20分浸水する。
3 ゆり根はほぐして洗い、汚れを取り除く。
4 2に酒、塩を入れ、中ふたと上ふたをセットして強めの中火にかけ、上ふたの穴から勢いよく蒸気が出てきたら1～2分後に火を止め、そのまま約10分蒸らす。
5 一度ふたを開けてゆり根を加え、すぐにふたを閉めてさらに10分蒸らしてさっくり混ぜる。

牡蠣ごはん

牡蠣のエキスでお米を炊き上げ、最後にぷりぷりの身を混ぜて仕上げます。

〈材料〉
生食用牡蠣…12～16粒
米…2.5合
牡蠣の煮汁＋水…500ml
酒（牡蠣の下ゆで用）…100ml
塩…小さじ½
しょうが汁…少々
青ねぎ（小口切り）…適量

〈作り方〉◎中ふた使用

1 牡蠣は水を切り、塩小さじ1（分量外）をまぶして軽くもみ、さっと水洗いする。小鍋に牡蠣、酒を入れて中火にかける。沸騰したら約1～1分半で火から上げ、ざるなどでこして煮汁と身を分ける。煮汁に水を足し、500mlにしておく。

2 米はといで、ざるに上げて水気を切る。

3 土鍋に2と1の煮汁を入れ約20分浸水する。

4 3に塩、しょうが汁を入れ、中ふたと上ふたをセットして強めの中火にかけ、上ふたの穴から勢いよく蒸気が出てきたら1～2分後に火を止め、そのまま約15分蒸らす。

5 一度ふたを開けて、1の身を入れ、すぐにふたを閉めて、さらに5分蒸らす。仕上げにねぎを散らしさっくり混ぜる。

土鍋は家飲みの主役にも！

土鍋ひとつで、
できるレシピは数知れず……。
お酒のおつまみからスープ、
デザートまで……。
土鍋を使いこなして楽しく、
みんなで盛り上がろう。

ワイワイ！
パリパリ

ムール貝の香草ワイン蒸し

ムール貝やたこの美味しさが
ぎゅっとつまった豪華版。
香草の風味も効いています。

〈材料〉

ムール貝…300〜400g
たこ…200g
オリーブ…15〜20粒
玉ねぎ（みじん切り）…½個
にんにく（みじん切り）…1片
バター…大さじ2
白ワイン…150〜200ml
ローズマリー…1枝
クミンシード…適量

〈作り方〉

1 ムール貝は塩水（分量外）につけ、殻をこすり合わせてよく洗う。ヒゲがあったら、取り除く。たこは食べやすい大きさに切っておく。

2 土鍋にバターとにんにくを入れ、中火にかける。香りが立ってきたら玉ねぎを入れて炒め、透き通ってきたらローズマリーとクミンシードを入れる。

3 水気を切ったムール貝、たこ、オリーブを入れ、白ワインをまわしかけ、ふたをする。ムール貝が開いたら、でき上がり。

Point

ムール貝のヒゲは貝の付け根のほうから口のほうへ引っ張って取り除く。表面についているヒゲなどは別の貝でこそげ落とすと、取れやすい。

スンドゥブチゲ

韓国風におぼろ豆腐（スンドゥブ）と
あさりを使うと、本格派の味に。

〈材料〉
白菜キムチ…200g
あさり…400g
しいたけ（薄切り）…4枚
牛肉（こま切れ）…150g
おぼろ豆腐…2丁
水…800ml
酒…200ml
塩…適量
青ねぎ（小口切り）…3本
A
コチュジャン…大さじ2
味噌…大さじ2
しょうゆ…大さじ1
にんにく（すりおろす）…1片

〈作り方〉
1 キムチは食べやすい大きさに切る。あさりは砂抜きをし、殻をこすり合わせて洗う。Aを合わせてよく混ぜる。
2 土鍋に1、しいたけ、牛肉、酒、水、軽く崩した豆腐を順に入れ、ふたをして強火にかける。時々混ぜながらあさりの口が開くまで煮る。塩で味をととのえ、青ねぎを散らす。

ハニー&ジンジャー豚角煮

ガツンとした味が豚肉にもたまごにも
しみ込んでいるから、冷めても美味しいんです。

〈材料〉

豚バラ肉（ブロック）…約800g
ゆでたまご…4個
白髪ねぎ…1/3本分

A
しょうが（薄切り）…20g
長ねぎ（青い部分を半分に切る）…1本
水…500ml
酒…100ml
しょうゆ…大さじ4
はちみつ…大さじ3

〈作り方〉

1 豚肉は8等分に切る。フライパンを強火にかけ、肉を焼きつける。全体にこんがりと焼き色がつくまで焼いたら、土鍋に移す。

2 1に肉がかぶる程度の水（分量外）を加え、ふたをしないで強めの中火にかける。沸騰したら中火にしてふたをしないまま約20分煮込む。

3 火を止めて肉をいったん取り出し、煮汁を捨てる。キッチンペーパーで土鍋の中を軽くふき、肉とAを入れる。

4 ふたをして（少しずらす）中火にかけ、沸騰したら弱火で約1時間煮込む。殻をむいたゆでたまごを加えてさらに10分煮込み、火を止めて一度完全に冷ます。温め直し、器に盛って白髪ねぎを添える。

豚肉と豆の煮込み

豆の下ゆでも煮込みも土鍋ひとつで。豚肉は、口の中でほろりとするやわらかさです。

〈材料〉

豚肩ロース肉（ブロック）…約450g
白花豆（乾燥）…100g
玉ねぎ（みじん切り）…½個
しょうが（みじん切り）…2かけ
にんにく（みじん切り）…½片
イタリアンパセリ（みじん切り）…10枚
ローリエ…2枚
白ワイン…大さじ4
塩…適量
こしょう…適量
オリーブオイル…大さじ2
A
塩こうじ…大さじ2
にんにく（スライス）…2片

〈作り方〉

1 白花豆は水（分量外）にひと晩以上つけて戻す。豚肉はAの塩こうじを表面にまぶし、スライスしたにんにくを貼りつけ、ラップでくるむ。ひと晩冷蔵庫に入れておく。

2 土鍋にたっぷりの水（分量外）と一度水切りした1の豆、ローリエ1枚を入れ、豆がやわらかくなるまでゆでる。鍋から豆を取り出し、ゆで汁を300ml取っておく。

3 豚肉はAを軽く洗い流し、キッチンペーパーで水分を拭き取る。

4 土鍋にオリーブオイルをひき、中火にかける。玉ねぎ、しょうが、にんにく、イタリアンパセリを全体がしんなりするまで炒め、豚肉は表面を焼きつける。

5 白ワイン、2のゆで汁、ローリエ1枚を加え、ふたをして弱火で約30分煮込む。豆を加え、塩、こしょうで味をととのえる。ふたをずらしてさらに弱火で約10分煮る。

6 火を止め、余熱で約10分蒸らす。豚肉を取り出し、食べやすい大きさに切り分ける。

アクアパッツァ

魚介類をトマトやオリーブと煮込んだ
イタリアの定番料理も、お手軽に。

〈材料〉

魚（メバル、イサキ、タイ、キンキなど）
…24cm程度2尾
あさり…20個
ドライトマト…4枚
ブラックオリーブ…12粒
ケッパー…小さじ2
イタリアンパセリ
（1cmに切る）…6枚
水…300ml
塩…適量
こしょう…適量
オリーブオイル…大さじ2

〈作り方〉

1 魚はうろこと内臓を取り除き、洗って水気を拭き取ったら、強めに塩、こしょうをし、軽く切れ目を入れる。あさりは砂出しをして殻をこすり合わせて洗う。ドライトマトは水で戻し、細切りにする。

2 土鍋にオリーブオイルを入れて強火にかけ、魚の両面に焼き色をつける。あさり、ドライトマト、ブラックオリーブ、ケッパー、水を加えてふたをする。沸騰してあさりの口が開いたら火を止め、余熱で10分蒸らす。仕上げにイタリアンパセリを散らす。

ローストビーフ

保温性の高い土鍋は、ローストビーフを作るのに最適な温度を保つことができるのです。

〈材料〉（作りやすい分量）
牛肉（ローストビーフ用ブロック）…300g
クレソン…適量
塩…小さじ1
こしょう…適量
油…適量
【ソース】（作りやすい分量）
しょうゆ…大さじ2
練りごま…大さじ2弱
はちみつ…小さじ1
柚子こしょう…小さじ½

〈作り方〉

1 牛肉全体に塩、こしょうをすり込み、約10分おいて下味をつける。

2 【ソース】の材料を合わせ、よく混ぜる。

3 フライパンに多めの油をひき、強火にかける。フライパンが十分温まったら1の牛肉を入れ、全面を焼きつけ、アルミホイルで二重に包み、耐熱の食品保存袋に入れてしっかり口を閉じる。

4 土鍋に水1000ml（分量外）を入れ、ふたをして強火にかける。沸騰したら火を止め、水400ml（分量外）を加えて温度を下げ、3を入れる。ふたをしてそのまま30分おく（途中で一度上下を返す）。

5 肉に金串を刺して5秒おき、抜いてすぐに唇に当てて温かいようなら完成。薄く切り分けてクレソンとともに器に盛りつけ、2のソースを添える。

Point
フライパンの強火で焼いて牛肉の全面に焼き色をつけて。

Point
土鍋のなかでの余熱調理。浮いてくるので途中で上下を返して。

ソーセージとキャベツのビネガー蒸し

急なお客さまのときもササッとできる、簡単メニュー。土鍋ごとそのまま食卓に。

〈材料〉2〜3人分

ソーセージ…大5本
キャベツ（千切り）…¼個
ブロッコリー（食べやすい大きさ）…½房
水…100ml
白ワインビネガー…大さじ2
塩…少々
粗ひき黒こしょう…適量
粒マスタード…適宜

〈作り方〉

1 土鍋にキャベツを敷きつめ、その上にソーセージ、ブロッコリー、ワインビネガー、塩、黒こしょう、水を入れ、ふたをして中火にかける。

2 沸騰したらごく弱火にして5分加熱し、火を止めて余熱で約2分蒸らす。

3 お好みで粒マスタードを添える。

白菜と豚肉のミルフィーユ蒸し

白菜と豚肉を下ごしらえしたら、後は土鍋におまかせです。

〈材料〉

白菜…1/4個
豚バラ肉（薄切り）…250g
水…大さじ4
酒…大さじ4
塩…小さじ1
ポン酢…適量
柚子こしょう…適宜

〈作り方〉

1 白菜は1枚ずつはがす。白菜と豚肉を交互に重ね、5cm幅に切る。
2 土鍋に1をぎゅっと敷きつめ、酒、水、塩をふりかける。
3 ふたをして強火にかけ、ひと煮立ちさせたら弱火にして5分加熱する。火を止めて余熱で約5分蒸らす。
4 ポン酢をかけていただく。お好みで柚子こしょうをつけても。

牛スジと大根のスープ

固い牛スジも、プルプルに、
とろけるようにやわらかくなって絶品。

〈材料〉
牛スジ肉…約300g
大根（3㎝の半月切り）…½～⅓本
水…1200ml
酒…100ml
しょうが（薄切り）…5～6枚
糸とうがらし…適量
塩…小さじ2
青ねぎ（小口切り）…適量

〈作り方〉
1 小鍋にさっと洗った牛スジとかぶる程度の水（分量外）を入れ、中火にかけてひと煮立ちさせる。ざるにあけてアクを流水できれいに洗い、ひと口大に切る。
2 土鍋に1と水、酒、しょうがを入れ、ふたをして強めの中火にかける。沸騰したら弱火にしてふたを少しずらし、アクを除きながら約30分煮込む。
3 2に大根、塩、糸とうがらしを加え、さらに約30分煮込む。火を止め、余熱で蒸らしながら一度完全に冷まし、温め直して器に盛り、ねぎを散らす。

ポトフ

トンカツ用の豚肉を使って時間短縮。
余熱でじっくり仕上げ、味を深めて。

〈材料〉

豚ロース肉（トンカツ用）…約400g
玉ねぎ（くし型切り）…½個
にんじん（縦に4等分に）…½本
セロリ（7㎝程度に切る）…⅔本
水…300ml
白ワイン…150ml
ローリエ…1枚
コンソメスープの素…1個
塩…小さじ½
こしょう…適量

〈作り方〉

1 豚肉に塩とこしょうをすり込んで約30分おき、食べやすい大きさに切る。

2 土鍋に1と野菜、水、白ワイン、ローリエ、コンソメスープの素を入れ、ふたをして強火にかける。沸騰したら中火にして約10分煮込む。火を止めて余熱で約10分蒸らす。お好みで塩、こしょうで味をととのえる。

サンラータン

鶏肉を豚肉にしたり、
季節に合わせて野菜を代えたり…と、お好みの食材で。

〈材料〉

鶏むね肉…1枚（約300g）
青梗菜《ちんげんさい》
（小松菜などお好みの青菜で代用可）…2株（約200g）
きのこ（えのき、しいたけなど）…約200g
たけのこ（水煮）…90g
豆腐…1丁（250g）

A
片栗粉…大さじ1
酒…大さじ1
塩…小さじ1

B
鶏だし…1000ml
（P35で作ったものを使用）
酢…大さじ4
しょうゆ…大さじ2
黒こしょう…小さじ1
しょうが（千切り）…小さじ1
たかのつめ…2〜3本
（種を出しておく）
ごま油…大さじ1

〈作り方〉

1 鶏肉はひと口大に切り、よく混ぜ合わせたAをもみ込んで下味をつける。青梗菜、きのこ、たけのこ、豆腐は食べやすい大きさに切る。

2 土鍋にBの材料をすべて入れ、ふたをして中火にかける。沸騰したら弱火にして約5分煮る。

3 2に1を加え、火が通ったらでき上がり。

鶏とクレソンのスープ

クレソンの香りを楽しむスープは
プチトマトを入れると、彩りがきれいです。

〈材料〉

鶏もも肉…2枚（約500g）
プチトマト…12個
クレソン…2束
鶏だし…1000ml
（P35で作ったものを使用）
塩…適量
こしょう…適量
ごま油…大さじ2

〈作り方〉

1 鶏肉とクレソンは食べやすい大きさに切る。
2 土鍋を中火にかけ、ごま油をひいて約1分熱し、鶏肉を軽く炒め、鶏だしを加えふたをする。
3 沸騰したら塩とこしょうで味をととのえ、プチトマトとクレソンを加える。トマトの皮がはじけたらできあがり。

蒸し肉

蒸したお肉は、
さっぱりしてジューシー。
数種のソースを準備したら
手間いらずの豪華なおもてなしに。

＊P95で紹介の「陶製すのこ」を使用

〈材料〉
牛肉（焼肉用）…300g～
豚肉（焼肉用）…300g～
鶏もも肉…1枚～
A 塩こうじ…大さじ1
　にんにく（スライス）…1片
　ローリエ…1枚
サニーレタス（サンチュ）…適量
にんにく（薄切り）…適宜

〈作り方〉
1 鶏肉にAの塩こうじをまぶし、にんにくとローリエをはりつけ、約1時間おく。軽く洗い、水分を拭き取り、ひと口大に切る。
2 土鍋の7～8分目まで水を入れ、「陶製すのこ」とふたをセットし、加熱する。
3 ふたの穴から勢いよく蒸気が出るまで十分に沸騰させる。
4 ふたを開け、「陶製すのこ」の上に牛肉と豚肉、1の鶏肉をのせる。再びふたをし、ふたの穴から勢いよく蒸気が出てから1～4分で蒸し上がり。サニーレタスで肉とにんにくを包み、塩やお好みのドレッシングでいただく。

【バジルソース】

バジルの葉…25g
オリーブオイル…80ml
松の実…小さじ2
パルメザンチーズ…20～25g
にんにく…½片
レモン汁…大さじ½
塩…適量
＊材料をすべてミキサーに入れ、なめらかになるまで攪拌する。

【レモン塩だれ】

レモン汁…大さじ4
粗塩…大さじ1
玉ねぎ（すりおろす）…¼個
にんにく（すりおろす）…1片
長ねぎ（みじん切り）…¼本
ごま油…大さじ1½
チキンスープの素…½個
白ごま…小さじ1
＊材料をすべて混ぜ、電子レンジ（500W）で約2分加熱する。

【みそだれ】

コチュジャン…大さじ1
味噌…大さじ1
白ごま…大さじ½
しょうゆ…小さじ1
砂糖…小さじ½～1
＊材料をすべてボウルに入れ、混ぜる。

蒸し野菜

野菜は蒸すと、味が濃くなります。味、香り、歯ごたえもさまざまで、しかもヘルシー。大好評メニューです。

＊P95で紹介の「陶製すのこ」を使用

〈材料〉

アスパラ…4本
ブロッコリー…1房
カリフラワー…1房
ズッキーニ…2本
プチトマト…20個
スナップエンドウ…10個
れんこん…1節

〈作り方〉

1 野菜はすべて食べやすい大きさに切る。
2 土鍋の7～8分目まで水を入れ、「陶製すのこ」とふたをセットし、加熱する。
3 ふたの穴から勢いよく蒸気が出るまで十分に沸騰させる。
4 ふたを開け、「陶製すのこ」の上に野菜をのせる。再びふたをし、ふたの穴から勢いよく蒸気が出てから1～4分で蒸し上がり。塩やお好みのドレッシングでいただく。

【味噌マヨソース】

味噌…大さじ2
マヨネーズ…小さじ2
アンチョビ（みじん切り）…小さじ1

【オリーブオイル＋塩】

オリーブオイル…大さじ3
塩…小さじ½

【豆乳ソース】

豆乳…50 ml
オリーブオイル…大さじ1＋小さじ2（25 ml）
マスタード…大さじ1
塩…小さじ½
柚子こしょう…小さじ⅛
ワインビネガー…小さじ1弱
こしょう…適量
＊材料をすべてボウルに入れ、泡立て器でとろりとするまで混ぜる。

チョコプリン

本格的なデザートも土鍋で簡単に。

＊P95で紹介の「金網」を使用。土鍋に入る大きさのカップを2〜4個用意する。

〈材料〉(作りやすい分量)
刻みチョコレート（ビター）…60g
生クリーム…１００ml
きび砂糖…50g
卵…1個
コーンスターチ…大さじ1
粉砂糖…適量

〈作り方〉

1 ボウルにチョコレート、生クリーム、砂糖を合わせ、湯せんで溶かす。

2 1を湯せんからはずし、溶きほぐした卵を少しずつ加えて混ぜる。続けてコーンスターチをふるい入れ、だまにならないようによく混ぜ、用意したカップに均等に流し入れる。

3 土鍋に金網を敷いて2を並べ、器が半分つかる程度（約５００ml）に水を入れ、ふたをして中火にかける。沸騰したらすぐに火を止め、余熱で約15分蒸らす。冷蔵庫で冷やし、いただく直前に粉砂糖をふりかける(温かいままでも美味)。

りんごの赤ワイン煮

厚手の土鍋が蓄えた熱がゆっくりと
りんごに伝わるから、まろやかな味に。

〈材料〉

りんご（あれば紅玉）…2個
水…３００ml
赤ワイン…１００ml
はちみつ…１３０g

〈作り方〉

1 りんごは皮をむき、8等分に切る。

2 土鍋に水と赤ワインを入れて中火にかける。温まったらはちみつを加えて混ぜる。

3 はちみつが溶けたらりんごを加えて落としぶた（アルミホイルでも代用可）をし、ふたをして（少しずらす）弱火で約15分煮る。火を止めて余熱で蒸らし、そのまま冷ます。

＊材料をキウイ4個、白ワイン１００mlに代えて作っても美味。

土鍋に関するQ&A

土鍋を使いこなすには押さえておきたいポイントが。この本で使用した「かまどさん」を中心に、土鍋の性質や使い方のコツをまとめました。

購入する前に……

Q 土鍋で炊くと、ごはんがとても美味しいと聞いたのですが……。

土鍋ごはんが美味しいのは本当です。土鍋を火にかけると、ゆっくりと熱を蓄えたあと勢いよく沸き立ち、一度蓄熱すると火から下ろしてもなかなか冷めません。この、最初にゆっくりと火が入ることが、ごはんが美味しく炊ける最大のポイント。ごはんは沸騰するまでに10分以上かけると甘みや粘り気が出ると言われていますが、土鍋はその火加減が自然にできる鍋なのです。

Q 「かまどさん」に用いられている伊賀の土も、美味しい仕上がりの秘密ですか？

実は、日本で採れる土の中で直火にかけられるのは伊賀の土だけ、と言われています。伊賀は太古の昔、琵琶湖の湖底でした。その地層から採れる土には炭化した植物や微生物を多く含んでいるため、焼成すると、それらが小さな気孔となります。その気孔が土鍋本体にしっかりと熱を蓄えて食材の芯までじっくりと火を通し、料理を美味しく仕上げてくれるのです。

Q 「かまどさん」は、IH、レンジ、カセットコンロでも使えますか？

「かまどさん」は直火炊き専用のため、IHでは使えません。ガス以外に、電熱器や電子レンジ、オーブンには使えます。ただし電子レンジの場合、重さによって加熱時間が決まるため、あまり重いものは不向きです。

Q 二人家族ですが、何合炊きを買うのがいいでしょうか？

一般的には、ごはんが3合ぐらい炊ける8号サイズ（直径約24cmの土鍋）が重宝です。「かまどさん」の場合は、三合、二合炊きは、1合からごはんが美味しく炊けます。他の料理を作ることも考えると、三合炊きのサイズが便利でしょう。

「かまどさん」は一合～五合炊きの4サイズがラインナップ。すべて敷板、しゃもじ付き。一合炊き￥6,000、二合炊き￥7,500、三合炊き￥10,000、五合炊き￥18,000（税抜）

土鍋の使い方&メンテナンスについて

Q 買ったらすぐに使えますか?

土鍋には小さな気孔が無数にあいているため、買ってきたものをそのまま使うと、水漏れの原因に。この気孔に〝目止め〟をするため、まずお粥を炊きましょう。その方法は、ごく簡単。土鍋を洗い、鍋底の水分をよく拭きとってから乾かし、土鍋の8分目くらいまで水（またはお湯）と、水量の5分の1以上のごはん（お米ではなく、残りごはん）を入れます。上ふたをして弱火にかけ、噴きこぼれないようゆっくりと炊いてください。お粥が炊き上がったら火を止め、（1時間以上たって）土鍋が充分冷めたらお粥を取り除いて、土鍋を水洗いしてしっかり乾かします。

使いはじめに、まずはお粥を炊いて。

Q 炊き上がったごはんがこびりついて洗っても取れにくいのですが……。

ぬるま湯を入れてしばらくおいてから洗ってください。ごはんの炊き上がり後、火を止めてから約20分しっかり蒸らすと、こびりつきは少なくなります。

Q 料理の匂いがついてしまったら、どうしたらいいでしょう?

さまざまな料理を土鍋で作るようになると、匂いがつくことがあります。気になるときは、鍋に8分目まで水を入れ、茶がらをひとつかみ入れて10分煮立てます。お茶に含まれる成分が、嫌な匂いを吸収する働きをします。かび臭さが気になるときは酢大さじ2〜3杯程度、土鍋にしみ込んだ成分を取りたい場合は重曹小さじ1杯程度を入れて同じように煮立てるのが効果的。重曹を使ったあとは、初めて使う時と同様にお粥を炊きなおしてください。

Q 焦げ付いてしまったときは?

少しの焦げなら土鍋に水を入れ、煮沸してふやかすと、こそげ落とせます。それでも取れない頑固なこびりつきは、水を7分目まで入れ、重曹を大さじ1〜2杯入れて沸騰させ、しばらくおいて洗ってください。重曹を使ったら、初めて使う時と同様にもう一度お粥を炊きなおします。

Q 食洗機で洗えますか?

土鍋は吸水性が高く、食洗機のなかで長時間水にさらされると、洗剤を含んだ水が土鍋にしみ込んでしまうため、おすすめではありません。同じ理由で、手洗いするときも、長時間洗剤につけておくことは避けてください。

Q 保管の際、気をつけることはありますか？

土鍋の保管は、乾燥が命。使用したら、手早く洗い、しっかり乾燥させましょう。左の写真のように中ふたの上に、水を含みやすい土鍋の底面を上にし、逆さまに伏せた状態で風通しのいいところに置き、最低でもひと晩はそのままに。箱には入れず、扉がなく風の通りのよいラックなどに収納するのがおすすめです。乾燥が不十分だと、目詰まりやカビの原因になります。

土鍋は、逆さまに伏せた状態でしっかりと乾燥させて。

Q 土鍋で美味しくごはんが炊けていたのですが、最近炊き上がったごはんが茶色っぽくなります。どうしてですか？また食べても大丈夫ですか？

原因は土鍋の中に少しずつ入り込んだお米のでんぷん質や焦げが炭化し、目詰まりをしていること。食べても問題はありません。解消するには、土鍋に水を7分目と重曹少々を入れて沸騰させ、中火で15分くらい煮沸して汚れを追い出します。煮沸後、お湯を冷ましてからざっと洗い、逆さまに伏せた状態で天日干しをしてください。乾燥後、お粥を炊いて目止めをし、きれいに洗って一昼夜乾燥させてから使ってください。

Q 火加減で注意することは？

ガスの3口コンロを使う際は、奥のものは火加減が弱いので、手前のふたつのどちらかを使うようにしてください。火力が足りないと、美味しく炊き上がりません。またガスコンロの自動炊飯機能は使用しないでください。

Q 火にかけるとき、注意することは？

土鍋を火にかける前に、必ず裏底に水気がないことを確認してください。水気があるまま火にかけると、ひび割れの原因になります。

Q 炒め物などをしても大丈夫？

軽い炒め物はできますが、お肉などの焦げ目はフライパンでつけてから使用するのがおすすめです。

Q 炊いた後、余ったごはんの保存法は？

土鍋には吸水性もあるため、おひつ代わりにもなります。またそのまま電子レンジにかけたら炊きたてのようにふっくらと温め直すことができる「陶珍《とうちん》」に保存するのもおすすめです。

電子レンジ専用の「陶珍」。小（ごはん約1合分）¥4,300。大（ごはん約2合分）¥5,100もある。（価格はいずれも税抜）

Q　スープなどの料理を、土鍋で保存しても大丈夫ですか？

料理には味がしみて美味しくなるのですが、土鍋に煮汁を入れっぱなしにしておくと、匂いが残るのでおすすめではありません。別の容器にうつして保存してください。

Q　〝炊く〟〝蒸す〟〝煮る〟以外の土鍋の使い方はありますか？

土鍋は、温かい料理が得意なだけではありません。あまり知られていないのですが、「保冷機能」も高いのです。ホームパーティなどの際、ビールやワインを冷やすボトルクーラーとして使ってみては？　そうめんや冷ややっこ、デザート用の盛り鉢としてもどんどん活躍させてください。

家飲みにボトルクーラーとして使えば涼感も演出。

Q　土鍋と合わせて使うと便利なアイテムはありますか？

P86～89で紹介している蒸し鍋を作るときに必要な「陶製すのこ」や、P43のふかしいも、P90のチョコプリンを作るときに使う「金網」があると、メニューの幅が広がります（これらのアイテムは「かまどさん三合炊き」に適応したもので、それ以外では使用できません）。

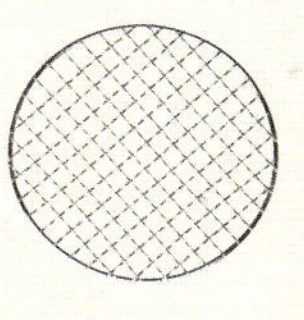

金網（直径約17cm）￥1,000（税抜）、陶製すのこ￥2,250（税抜）

Q　「かまどさん」を使ったアイデア料理を教えてください。

中ふたを上手に使うと、いろいろなたまご料理が簡単にできます。ごはんの炊き上がり後に火を止めてすぐ、中ふたの上に常温に戻したたまごを置き、上ふたをして約10分で取り出すと半熟たまごができます。火を止めて5分後に中ふたの上にたまごを置き、15～20分で取り出すと温泉たまごができます。最初から中ふたの上にたまごを置いてごはんを炊くと、炊き上がり時に固ゆでたまごができます。時間は目安です。ガスの火力などによって変わりますので、試してみてください。

Q　土鍋の「買い替えどき」はあるのでしょうか？

ひびが入ったことを気にされる方がいますが、小さなひびは大丈夫。ひびが入って水漏れする場合は、お粥を炊いて再度目止めを。それでも水漏れするようなひびが入ったら、それは買い替えどきです。「かまどさん」の場合はふただけ、本体だけなどパーツ販売も行っているので、必要な部分だけ買い替えができます。土鍋は使い込めば込むほど、自分にベストな火力、水加減をつかめるようになるなど、使い勝手もよくなります。買い替えが必要になったパーツだけを更新しながら大切に使い込んで、愛着のある土鍋に育ててください。

伊賀焼窯元　長谷園（長谷製陶株式会社）

江戸時代、天保3年（1832年）に伊賀の地に長谷源治が初代当主として開窯。昭和に入り、家業を継いだ6代目当主・長谷彰三が長谷製陶株式会社を設立。1975年、長谷優磁が7代目当主となり、後のヒット商品となる機能土鍋の開発に取り組み始める。2000年、8代目当主・長谷康弘のもとで、構想から10年かけて開発した炊飯土鍋「かまどさん」を発売。現在までに45万個を売るヒット商品となった「かまどさん」のほかにも、様々なアイディア土鍋を開発・販売し、メディアでも話題。

直営店

この本で使用した土鍋「かまどさん」と、Q＆Aでも紹介した「陶製すのこ」、「金網」、「陶珍」などの便利アイテムは、以下の直営店で購入できます。必要なパーツだけの買い替えも可能。

伊賀焼窯元　長谷園

三重県伊賀市丸柱569

☎ 0595-44-1511

営 9：00～17：00

お盆と年末年始休

igá-monó（イガモノ）東京店

東京都渋谷区恵比寿1-22-27

☎ 03-3440-7071

営 11：00～20：00　火曜定休

お盆と年末年始休

レシピ作成協力：塚田綾（株式会社 TAF DESIGN）

長谷園のホームページ http://www.igamono.co.jp の中の「長谷園の週刊 web レシピ」にて料理を担当。毎週土鍋を使ったレシピを更新中。

撮影：三木麻奈

スタイリング：千葉美枝子（P15、26～29、36～41、47、53，59、65、69～73、79、87、89）

編集協力：川村有布子

装丁＆デザイン：野中深雪

長谷園《ながたにえん》「かまどさん」の美味《びみ》レシピ

ほっこり　土鍋《どなべ》ごはん

2013年9月25日　第一刷発行

著　者　伊賀焼窯元《いがやきかまもと》　長谷園《ながたにえん》

発行者　藤田淑子

発行所　株式会社 文藝春秋

〒102-8008 東京都千代田区紀尾井町3-23

電話　03-3265-1211（代）

印刷所　図書印刷

製本所　大口製本

ISBN 978-4-16-376670-6
Printed in Japan